STÉPHANIE COUTURIER
& CAMILLE BENOÎT
Illustrations de Adéjie

Aidez votre enfant
À COOPÉRER SANS CRIS NI PUNITIONS

Le cabinet des émotions
MARABOUT

Bienvenue au cabinet des émotions ! Nous y accueillons des enfants et des parents qui partagent avec nous leurs tracas et difficultés afin de trouver des solutions.

Stéphanie est psychomotricienne et sophrologue, Camille est médecin psychiatre. Nous nous sommes spécialisées dans l'accompagnement de la sphère émotionnelle et les capacités d'apprentissages de nos patients.

À notre façon et avec nos spécialités, nous aidons chaque jour des familles à mettre le doigt sur leurs difficultés et à inventer avec elles des stratégies pour les dépasser.

Ce sont ces échanges, qui nous permettent de construire ensemble les meilleurs outils pour améliorer le quotidien et développer le potentiel des enfants.

Vous découvrirez dans notre boite à outil des exercices à faire en famille régulièrement, afin de permettre à vos enfants de devenir des super-héros émotionnels.

Cette fois, nous vous proposons d'apprendre à votre enfant à grandir sereinement en coopérant sans cris ni punitions, grâce à votre bienveillance et à des principes d'éducation clairs, positifs et constructifs.

AU FOND, QU'EST-CE QUE L'ÉDUCATION ?

1

ÉDUQUER,

c'est élever et transmettre

Au fil des siècles, la conception du rôle que doivent remplir les parents a considérablement évolué. L'histoire de notre société, des mœurs, des modèles familiaux, de l'école, mais aussi les croyances soutenues par les découvertes des médecins et psychologues ont bouleversé les attentes qui reposent sur les parents. Le super-parent de la fin du XIXe siècle est ainsi très différent du super-parent d'aujourd'hui !

La révolution des modèles parentaux

En seulement deux générations, tout a changé. Si l'éducation a toujours pour objectif la sécurité et l'intégration sociale et professionnelle des enfants, les convictions relatives à ces enjeux ne sont plus les mêmes.

Le mot sécurité a pu vous surprendre ; en effet, la sécurité d'antan désignait principalement la sécurité physique : la priorité était d'avoir une bonne hygiène de vie pour éviter les infections, les maladies... Aujourd'hui, avec les apports de la psychologie, la sécurité se conçoit désormais sous deux angles : la **sécurité physique** et la **sécurité affective**. Le parent d'aujourd'hui cherche à transmettre à son enfant des bases affectives suffisamment solides pour lui permettre d'être non seulement bien dans son corps mais également bien dans sa tête et ses baskets !

Bienvenue dans le monde des nouveaux parents ! Si les modèles d'éducation sont radicalement différents, les problèmes d'autorité, eux, n'ont pas changé !

L'intégration sociale ne se conçoit plus uniquement au travers des règles de politesse. La société d'aujourd'hui valorise de plus en plus les relations sociales et amicales. Les travaux de psychologie sur les compétences sociales et le développement de l'enfant ont déplacé le curseur, faisant apparaître au premier plan les capacités d'empathie, de sympathie, de bienveillance, jusqu'ici peu valorisées.

L'intégration professionnelle future des enfants reste une préoccupation majeure pour les parents. Le paysage de l'emploi évolue chaque jour et les attentes des parents aussi. La voie royale des grandes écoles est en perte de vitesse. Pour réussir aujourd'hui dans le contexte du numérique et de l'émergence de l'intelligence artificielle, les adultes de demain devront faire preuve d'esprit de synthèse, de créativité, de souplesse, d'adaptabilité. Des valeurs souvent bien éloignées de celles longtemps transmises par l'éducation traditionnelle.

Les bouleversements des schémas familiaux et de la place des hommes et des femmes dans la société ont également contribué à révolutionner les **modèles parentaux**. Aujourd'hui, les soins « maternels » ne sont plus l'apanage des mères ! Les femmes travaillent elles aussi, les pères ont droit à des congés paternité, certains couples séparés optent pour la garde alternée... Toutes ces évolutions récentes ont aplani les différences entre le père et la mère. Les rôles aujourd'hui sont bien partagés : les nouveaux papas et mamans maternent, câlinent, éduquent, nourrissent, etc., et recherchent l'épanouissement de leurs enfants.

La révolution Françoise Dolto

Françoise Dolto (1908-1988), pédiatre et psychanalyste française, s'est consacrée à la psychanalyse des enfants et a jeté un pavé dans la mare de l'éducation. À travers ses nombreux ouvrages, Les Maisons vertes et sa célèbre émission de radio, elle a imposé un nouveau message : « L'enfant est une personne. » Si cela paraît évident aujourd'hui, ce n'était pas le cas à l'époque !

En effet, à l'époque de nos arrière-grands-parents et grands-parents, les bébés et les petits enfants n'étaient pas loin d'être considérés comme des coquilles vides, sans conscience, qu'il fallait « bien remplir et éduquer ». Certains pères ne s'occupaient de leurs enfants qu'une fois l'âge de raison (7 ans) atteint.

« L'important c'est qu'un enfant puisse toujours dire ce dont il a envie, mais pas toujours le faire. »

Grâce à Françoise Dolto, aux apports de la psychologie, des sciences cognitives et des neurosciences, nous savons aujourd'hui que dès leur naissance, les bébés ont de nombreuses capacités. Ils communiquent dès leur plus jeune âge avec leur entourage, ressentent les émotions de leur environnement, expriment leurs propres émotions et ont même des capacités innées de raisonnement. Grâce à ces découvertes, le modèle éducatif est désormais considéré comme « interactif » : il existe des influences réciproques entre parents est bébé. Nous savons aujourd'hui que les caractéristiques intrinsèques de chaque enfant ont un impact sur le comportement du parent à son égard.

L'éducation en héritage

Au-delà de la tendance de l'époque, les croyances et les valeurs éducatives sont propres à chaque famille, de par sa culture, son milieu, son héritage...

De tout temps, des valeurs se transmettent de génération en génération et sont colorées par les origines de chacun, le milieu socioculturel, la personnalité et l'histoire des aïeux...

Là encore, la psychologie nous éclaire, plus précisément la psychologie systémique, qui étudie les relations intrafamiliales. Elle nous apprend que nous répétons souvent malgré nous les traumatismes de notre enfance, que nous projetons sur nos enfants les idéaux de nos aïeux, que nous leur demandons inconsciemment de réparer nos blessures...

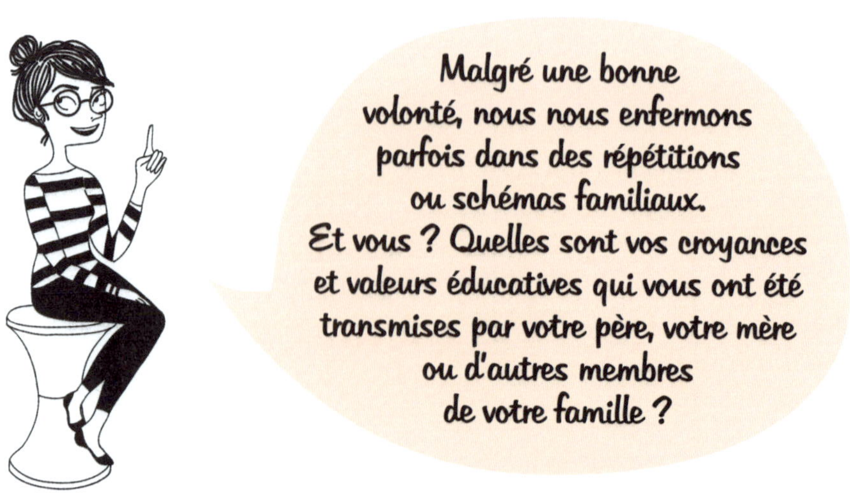

Imaginez que vous n'ayez pas fait les grandes études que votre père aurait souhaité. La déception dans son regard a pu laisser une trace enfouie mais très active au fond de votre mémoire. Cette trace pourrait bien être la source de votre souhait inavouable que votre propre enfant fasse une grande école, lui, afin d'effacer la déception de votre père. Faire cadeau à votre père de la réussite de votre enfant, c'est ce que les systématiciens appellent « l'enfant cadeau ».

2

QU'EST-CE QUE l'éducation bienveillante ?

Venue des États-Unis, cette vague éducative fait depuis quelques années parler d'elle. Elle s'inscrit dans un courant plus large, celui de la psychologie positive, née à la fin du XXe siècle.

Les dernières recherches en neurosciences ont fait apparaître que l'attitude parentale à l'égard des enfants a un impact sur leur développement cérébral. Notamment, il a été montré que les cris et débordements de colère des parents pouvaient avoir un impact négatif. Ces travaux nous aident également à mieux comprendre le développement des capacités de l'enfant. Connaître leurs capacités à chaque âge est nécessaire pour leur proposer des exigences quotidiennes à leur hauteur et favoriser ainsi le développement de leur autonomie et de leur confiance en soi.

Mais comment trouver le juste milieu et ne pas tomber dans une autorité excessive ou une complicité peu structurante pour l'enfant. Comment dire « non » ...

Certains hurlent au règne de « l'enfant roi » et dénoncent une société qui prône l'épanouissement à tout prix de l'enfant, le transformant petit à petit en tyran de ses parents.

De la fessée au dialogue

Depuis longtemps, les psychologues nous disent la nécessité de prendre en compte les ressentis de nos enfants et de comprendre l'importance d'éviter les cris ou paroles blessantes, qui peuvent être humiliantes ou traumatisantes pour les enfants.

« Allôôô Françoise ?
Je fais quoi là ? »

En effet, des paroles désobligeantes, dévalorisantes, criées sous le coup de la colère, peuvent avoir des effets délétères sur la relation de confiance que nous entretenons avec nos enfants, et sur leur confiance en eux-mêmes.

Mon histoire personnelle est celle de beaucoup d'adultes d'aujourd'hui.

Petite, mon père me racontait comment mon grand-père l'éduquait. Homme respectable et admiré de tous, mon grand-père avait pourtant des méthodes de « tortionnaire », tout à fait classiques pour l'époque : pour punir les faux pas de mon père, il ne trouvait rien de mieux que de lui administrer une grosse tape à l'aide d'une ceinture ou d'un torchon mouillé.

Alors que j'étais enfant, le schéma éducatif était très clair : mes parents me demandaient d'obtempérer une fois, deux fois, puis comptaient jusqu'à 3 – en passant par 2 un quart, 2 et demi, 2 trois quarts les bons jours. Ce devait être les prémices de l'éducation positive ! Ensuite, en cas de non-obéissance, venait la punition ou la fessée ou les deux.

Je me souviens également que pour m'enseigner les règles de politesse à table, les coups de fourchette dans les coudes étaient fréquents. Ces petits coups de fourchette de rien du tout pour me rappeler les règles semblent pourtant aujourd'hui inconcevables !

Il n'est pas simple d'envisager l'éducation sans cris ni punitions, avec l'héritage qui est le nôtre… Comment s'y prendre lorsque nous avons baigné dans une éducation dite traditionnelle ? Comment faire mieux, aujourd'hui, avec l'ancienne méthode pour modèle ? Autrement dit, comment transformer notre héritage pour avancer sur la voie d'une éducation plus bienveillante ?

Être bienveillant, à l'écoute et savoir reconnaître les besoins

S'il y avait un seul principe à retenir, ce serait celui-ci : tout débordement de l'enfant doit être analysé au-delà du comportement visible.

Finalement, la question à se poser est : quelle émotion ou quel besoin mon enfant manifeste-t-il au travers de son comportement ?

Plutôt que d'endosser votre habit de tortionnaire (en criant, en punissant…) pour modifier le comportement de votre enfant, passez votre habit de grand sage pour décrypter les émotions ou les besoins cachés de votre enfant afin d'y répondre et de retrouver une situation plus calme.

Trouvez le chemin entre la bienveillance et la fermeté. Trouvez un équilibre entre l'éducation autoritaire et l'éducation laxiste. Car si votre enfant a peur de vous, la relation de confiance est perdue ! S'il vous rit au nez, c'est perdu aussi ! Cherchez donc l'équilibre entre le « trop » et le « pas assez », qui sont les ennemis de l'éducation positive. Vous l'aurez compris, il s'agit d'un exercice difficile, un vrai travail d'équilibriste !

L'ÉDUCATION BIENVEILLANTE

c'est :

Apprendre à son enfant à se confronter intelligemment à la frustration, à la difficulté

Surtout ne pas être maltraitant

Passer un message qui ne véhicule ni honte ni agressivité, ni culpabilité

Parler pour soi : dire « JE me suis senti… » et abandon le « TU » qui accus juge et reproche

Ouvrir la discussion

Exclure la violence qui détériore la qualité de relation entre l'enfant et son parent et détruit sa confiance en lui

Mettre en place une vraie coopération familiale

Répondre aux besoins affectifs de l'enfant (valorisation, réassurance, réconfort)

Poser des limites structurantes à son enfant

Se séparer de comportements qui ne sont pas souhaitables (cris, punitions…)

Communiquer pour mieux coopérer

Construire une société de demain plus apaisée

Miser sur une éducation bienveillante, c'est construire les adultes de demain et aller vers une société plus empathique et tolérante.

Si les enfants apprennent ce que nous leur transmettons consciemment, ils apprennent également ce que nous leur montrons malgré nous !

Éduquer avec force cris, punitions et autoritarisme enseigne aux enfants la rigidité, la violence, le manichéisme (tout est bien ou mal). Nos enfants, citoyens de demain, répéteront alors pour la plupart ces mêmes actions avec leurs proches, leur entourage, leurs relations de travail, créant des tensions et un mal-être général. Ils seront aussi démunis pour résoudre les conflits, trouver des compromis... En ce sens, l'éducation bienveillante est la promesse d'une société meilleure, faite de citoyens sensibles et à l'écoute des besoins de l'autre.

3

7 CONSEILS AVISÉS
aux parents

Voici maintenant quelques conseils à mettre en pratique pour prendre le chemin du « sans cris sans punitions » !

Considérez les besoins affectifs de votre enfant

Nombre d'enfants se mettent en colère ou s'agitent lorsqu'ils se sentent en insécurité.

Votre enfant peut se sentir inquiet ou en situation de fragilité quand il n'est pas en mesure de répondre à vos exigences d'adulte, qu'il se fait embêter ou exclure par des copains d'école, qu'il se sent abandonné et trahi par l'arrivée d'un petit frère ou d'une petite sœur, etc.

Pour lui permettre de surmonter ces moments difficiles d'incompétence, d'échec, de rejet, de déception, il est nécessaire qu'il ait des bases affectives solides.

Si votre enfant sait que quoi qu'il arrive, il sera aimé, que vous, ses parents, serez là pour lui, que vous pourrez le comprendre et lui proposer de l'aide, des solutions, les déceptions et moments douloureux de son quotidien se transformeront en gros chagrins qui pourront être consolés rapidement.

À l'inverse, si votre enfant doute de tout cela, il risque de se sentir bien seul et souffrira terriblement de ces mésaventures. Cette souffrance se transformera alors peu à peu en une grosse boule de colère, qui explosera inéluctablement.

→ **La bonne attitude**

Afin de nourrir les besoins affectifs de votre enfant, prenez l'habitude d'instaurer au moins **30 minutes quotidiennes de qualité avec lui**. Écoutez le récit de sa journée et partagez avec lui une activité.

Parlez de vos propres émotions

Comme une hygiène de vie, chaque jour, prenez l'habitude de parler avec votre enfant de ses émotions, mais aussi des vôtres.

Les enfants et d'ailleurs la plupart des adultes ont bien souvent du mal à nommer leurs émotions, à en parler. Parfois, ils ressentent un ouragan intérieur qu'ils sont bien incapables de décrire.

Pour montrer l'exemple à votre enfant, partagez vos petits tracas du quotidien en insistant sur les émotions que vous ressentez ou avez ressenties. Ainsi, vous lui signifiez ce qui est important pour vous, que vous aussi êtes traversé par des émotions et montrez-lui que vous pouvez écouter et entendre ce genre de choses.

Les mots des émotions sont comme des pansements qui viennent contenir les plaies.

De nombreux parents malheureusement n'osent pas parler de leur vécu, souvent par pudeur ; leurs enfants grandissent alors avec l'idée que les émotions sont taboues, doivent être tues. À chacun de se débrouiller avec. Le problème, c'est que les enfants ne sont pas en mesure de contenir leurs émotions seuls. Et à défaut d'être contenus par les paroles rassurantes de leurs parents, certains s'agitent, explosent et finissent par obtenir la contention dont ils ont besoin... physique cette fois-ci.

→ **La bonne attitude**

Prenez le temps de faire des **liens entre le quotidien de votre enfant et les émotions qu'il peut ressentir** : « Tu as eu l'impression que tu n'en étais pas capable ? Cela t'a certainement fait de la peine. Peut-être même que tu t'es senti en colère de ne pas y arriver... »
Plus vous l'aiderez à nommer ses émotions, plus il sera en mesure de vous décrire les moments douloureux qu'il traverse et plus vous serez à même de le consoler.

Installez et maintenez un cadre, des règles, des limites

Une des règles principales dans l'éducation est d'être cohérent dans votre discours et dans les limites que vous posez à votre enfant.

Les structures internes nécessaires au bon fonctionnent de l'individu passent par un cadre, des règles, des limites qui sont posés. Sans cela, c'est le désordre psychique.

Les enfants ont en effet besoin de repères : au niveau temporel, dans leur environnement, mais également dans vos réactions en tant que parents. Lorsque l'enfant perçoit que vous êtes dépassés, cela nourrit ses angoisses et ses tensions internes. Pourquoi ? Parce qu'il a besoin de trouver en ses parents une contenance, une réassurance, une stabilité.

Réussir à **canaliser son enfant, c'est lui apprendre à gérer ses émotions**.

Plus que d'autoritarisme, les enfants ont besoin d'une autorité contenante, sécurisante et bienveillante, base de leur sécurité affective. C'est grâce à cela qu'ils seront en mesure ensuite de gérer la frustration et de devenir mature.

N'oubliez pas que les cris et les punitions nourrissent les peurs et induisent des comportements d'évitement, soit tout le contraire de ce que nous souhaitons pour nos enfants. Il faut donc trouver la voie d'une autorité fondée sur le respect et la confiance et non sur la peur.

→ **La bonne attitude**

- Proposez à votre enfant **un cadre posé mais souple**. Attention : souple ne veut pas dire fragile, souvenez-vous de la fable du Chêne et du Roseau ! Un cadre souple est un cadre qui peut s'adapter aux tempêtes émotionnelles, sans se briser.
- À la maison, **acceptez les points de vue différents**, les avis multiples, les opinions de chacun. En faisant preuve de tolérance, d'écoute, vous transmettez des valeurs et messages essentiels pour que votre enfant puisse vivre en harmonie avec ses camarades et plus tard dans sa vie d'adulte.

Lorsque votre enfant s'oppose à vous, cela peut être une tentative d'exister en son nom propre, d'affirmer quelque chose de lui. Cela est essentiel pour sa construction. Il est donc important de le respecter, de le laisser prendre des choix (en fonction de son âge évidemment). Respecter son individualité tout en maintenant un cadre contenant et réassurant, c'est là encore un véritable travail d'équilibriste !

- Pour aider votre enfant à intégrer les règles et le cadre que vous lui transmettez, **encouragez-le à la réflexion**. Apprenez-lui à être lui aussi souple et à accepter les avis différents de ses camarades. Lors des repas de famille, poussez votre enfant à livrer ses opinions, ses choix : « Je pense que... Et toi ? » Lui permettre de ne pas être d'accord avec vous, de faire ses propres choix l'aidera à grandir !
- **Sachez dire non à certaines demandes pour structurer votre enfant.** Lui permettre de s'affirmer et de développer sa personnalité tout en lui offrant un cadre structurant passe aussi par le « non ». Dire « non » demande un effort aux parents – plus que dire « oui » à tout, c'est sûr –, mais est tellement constructif !
- **Posez les limites, en toute bienveillance.** Être bienveillant n'est pas être laxiste. Un enfant a vraiment besoin de limites ! En grandissant, il parviendra à intérioriser ces limites que vous lui avez posées pour devenir un adulte responsable, en mesure de gérer ses émotions et capable de prendre soin de lui. Un enfant élevé sans limites, tout-puissant, ayant le dernier mot et dont le moindre désir est assouvi, est paradoxalement souvent en souffrance. Car à la différence d'un enfant gâté, choyé mais qui bénéficie de règles et parfois de punitions (JAMAIS corporelles ou humiliantes), un enfant « pourri gâté » manque de limites. Ses émotions débordent, il a du mal à se canaliser, il ne sait pas être dans le compromis, ce qui lui cause bien des soucis ! Avec ses camarades à la récréation, il est facilement exclu car tyrannique avec eux. En classe, il ne sait pas accepter d'éventuels échecs ou mauvaises notes et est en grande difficulté pour persévérer face à la difficulté.

Si les règles sont trop rigides, la peur devient le moteur pour l'enfant. Et si elles sont absentes, vous induisez chez votre enfant une incapacité à gérer la frustration et l'impulsivité. Bref, vous ne lui faites pas un cadeau !

Alors OUI aux règles, avec des sanctions possibles, mais toujours bien dosées, adaptées, explicitées à l'enfant et toujours constructives et bienveillantes. Jamais autrement.

Faites la différence entre le besoin et l'envie

Apprenez à distinguer les caprices des besoins. Bannissez les réponses opératoires, toutes faites, binaires ! Face à toute tension, débordement, opposition, provocation, transgression de votre enfant, passez en mode détective et tentez de résoudre l'énigme qui se cache en votre enfant !

Pourquoi votre enfant a-t-il ce comportement qui vous paraît totalement irrationnel ou inapproprié ? À votre question : « Pourquoi tu ne m'écoutes pas ? » ou « Pourquoi tu ne veux pas faire tes devoirs ? » ou encore « Pourquoi tu me provoques ? », votre enfant n'aura certainement pas la réponse !

Alors soufflez un bon coup et partez activement à la recherche des clés de l'énigme...

Comment s'est passée sa journée d'école ? S'est-il disputé avec un ami ? Des camarades ont-ils été méchants avec lui ? La maîtresse l'a-t-elle repris ? Etc.

Votre enfant est peut-être submergé par des émotions négatives qui dépassent le cadre de la maison. Peut-être s'est-il senti incapable, moins que rien, parce qu'il n'a pas réussi une évaluation en classe et qu'il rumine depuis des idées tristes (« Je suis nul, je n'y arriverai jamais... Papa et Maman vont être déçus »). Alors il réagit avec virulence à votre demande de faire ses devoirs. En fait, il a juste besoin d'être réassuré ! Il a besoin d'entendre que vous avez bien compris les difficultés qu'il a rencontrées mais que vous l'aimez d'un amour inconditionnel.

Il se peut aussi que ce jour-là, il ait besoin d'un temps léger, de passer quelques minutes avec vous à franchement rigoler, à partager un moment de plaisir avant que vous l'aidiez à se remettre en selle en vous asseyant à ses côtés lorsqu'il commence les devoirs.

→ La bonne attitude

Si toute la journée, ses amis ne voulaient pas jouer avec lui, qu'ils n'ont pas été gentils, il se peut que votre enfant ne soit pas en mesure d'entendre une fois arrivé à la maison qu'il ne fait pas ce qu'il devrait faire (ses devoirs) ou que vous n'êtes pas content de lui (de sa mauvaise note).

- Prenez quelques minutes pour **l'écouter**.
- Ensuite, **reformulez** ce qu'il vous a confié pour lui montrer que vous avez bien compris pourquoi il se sent mal. Reformuler permet de le réassurer. Demandez-lui si vous avez bien compris.
- Ensuite seulement, vous pourrez lui dire à quel point vous seriez content s'il pouvait ranger un peu sa chambre/faire ses devoirs/se calmer, etc. Si nécessaire, montrez-lui comment faire.

Minimisez les conflits

Avant tout, montrez l'exemple. Restez calme, assurez-vous que vos demandes soient raisonnables et bien comprises et soyez optimiste : à chaque problème il y a toujours une solution ! Soyez exemplaires.

Évitez de crier et de vous emporter. N'hésitez pas à appliquer la règle « Stop, Think, Go » quand vous sentez que ça bouillonne trop en vous : arrêtez-vous, isolez-vous quelques minutes, reprenez votre souffle et réfléchissez à la situation. Ensuite, élaborez une stratégie de résolution de conflit avant de retrouver votre enfant. Une bonne façon de faire redescendre la pression, pour vous mais aussi pour lui !

→ **La bonne attitude**

- Excusez-vous auprès de lui lorsque vous avez haussé le ton trop fort ou lorsque vous avez mal réagi. Cela lui montrera l'exemple et lui apprendra que les échecs et fautes font partie de l'existence, que l'on peut les supporter et les réparer.
- Enseignez à votre enfant des façons de **gérer la colère** : bien respirer, utiliser des mots pour se défouler plutôt que des gestes, instaurer des temps calmes...
- **Soyez conscient de votre propre état émotionnel** afin d'éviter que vos émotions ne débordent et que votre enfant en paie les frais. Lorsque vous vous sentez trop en difficulté, que la tension est à son comble, demandez à votre conjoint de prendre le relais. Si vous êtes parent célibataire, faites-vous aider par des parents ou des amis afin de souffler et de prendre aussi soin de vous.
- Prenez le temps de **réfléchir à l'enfant que vous étiez** et aux valeurs que vous souhaitez transmettre à votre enfant.

Assurez-vous que vos demandes sont raisonnables et suffisamment explicites.

Adaptez vos exigences et attentes à ce que votre enfant est en mesure de faire. Par exemple, ne lui demandez pas de venir à table dans 5 minutes s'il n'a aucune représentation du temps ; de même, n'attendez pas de lui qu'il reste à table bien sagement tout au long d'un repas de famille s'il a des difficultés à canaliser son énergie...

Formulez vos demandes toujours de façon positive : les demandes positives responsabilisent, les négatives briment. Par exemple, dites : « Nous allons faire des courses ensemble. Je sais que tu n'aimes pas trop cela, mais je te demande s'il te plaît d'être patient, sage et de ne pas toucher aux objets dans les rayons. Est-ce O.K. pour toi ? »

→ **La bonne attitude**

Mettez en place des rituels pour minimiser les conflits.

- **Choisissez ensemble ses vêtements la veille**, manteau et chaussures compris (prenez soin de vérifier la météo !).
- **Préparez la table** du petit-déjeuner la veille.
- **Listez les repas souhaités** pour la semaine.
- **Faites le cartable** ensemble la veille.
- **Organisez la répartition des tâches** de la maison pour la semaine.

Enseignez explicitement à votre enfant qu'il y a toujours une solution.

Imposer son point de vue ne fonctionne pas, alors livrez à votre enfant quelques clés pour dépasser les moments de discorde et ainsi progresser sur la voie de la communication.

Apprendre à son enfant à gérer les conflits sera un atout personnel précieux dans la cour de récréation mais aussi plus tard, dans sa vie d'adulte. Même si vous n'avez pas un diplôme en diplomatie, vous avez forcément, au fil des années et de votre expérience, appris à dépasser les conflits, dans votre sphère familiale et professionnelle. Votre expérience est précieuse, partagez-la.

→ **La bonne attitude**

- Apprenez à votre enfant à **trouver des solutions**, **des compromis**, pour sortir des conflits.
- Rappelez-lui que **sa liberté s'arrête là où celle de l'autre commence**, et qu'il ne peut pas systématiquement imposer son point de vue.
- Montrez-lui que **faire un petit pas vers l'autre** ne lui enlève rien et lui permet de préserver son intérêt et ses besoins.
- Votre enfant est un **acteur de l'histoire familiale**. Exit la guerre froide, les bras de fer et les rapports de force ! Exit les listes exhaustives de ses défauts et bêtises ! À vous d'être souple et diplomate. Dites-lui ce que vous avez compris de la situation : « J'entends ce que tu me dis : que tu veux jouer, que tu ne veux pas du tout faire tes devoirs, peut-être parce qu'il t'est difficile de te concentrer après une grosse journée d'école. Trouvons ensemble un compromis. Que proposes-tu ? »
- **En cas de conflit dans la fratrie (ce qui est très fréquent !), n'endossez pas l'habit du juge !** Source de grandes tensions dans la famille, les disputes entre les enfants peuvent dégénérer et prendre des allures de guerre froide. Un juge peut opérer grâce à sa neutralité affective, ce n'est pas votre cas. Dès que vous donnerez raison à l'un, l'autre se sentira trahi ou mal-aimé et vice versa. Trouvez plutôt avec vos enfants une solution, en les aidant à formuler leurs demandes sans agressivité et à exprimer leurs émotions.

Quid des punitions ?

Elles sont vieilles comme le monde ! Qui n'en a pas reçues ou données ? Aujourd'hui, faut-il les éviter ou les garder ? Pas si simple de répondre, mais la règle d'or est qu'elles doivent être rares, claires, justes, non avilissantes et si possible constructives. Ambitieux mais faisable. Démonstration.

Les punitions font partie de l'existence et sont inhérentes à notre libre arbitre et notre liberté. L'enfant n'est pas juste un automate conditionné par le monde qui l'entoure, pas plus qu'un nourrisson irresponsable de ses actes. Dans une certaine mesure (qui dépend de leur âge), les enfants sont capables de faire des choix et de mal se comporter délibérément.

Lorsqu'un enfant transgresse des règles ou des valeurs essentielles (il tape un camarade, vole des bonbons...), il est nécessaire qu'il puisse être confronté à une conséquence de son acte. Car il serait angoissant de vivre dans un monde où tout est permis, même le pire ! Ainsi, comment se sentir en sécurité à l'école si l'enfant fait l'expérience qu'il peut taper, voler, insulter ses camarades sans conséquence ?

Rappelez-vous... Enfant, les punitions ont souvent servi à nous poser des limites, à nous contenir, à nous réassurer même parfois. D'autres nous ont conduits à éprouver de la culpabilité ou de la honte, tout en nous permettant d'évoluer et de prendre conscience de nos erreurs. D'autres encore nous ont paru totalement arbitraires, injustes, infondées. L'incompréhension se transformait alors en un tourbillon de colère, de rage, de tension qui nous envahissait et nous poussait à dire des paroles dures et méchantes à nos parents ou dans leur dos.

L'idée n'est pas d'éviter les punitions, mais de savoir comment et quand les poser. Cela sous-entend qu'il faut savoir quelles sont ses exigences et les limites que l'on pose.

→ La bonne attitude

- Face à un comportement inadapté, à une transgression, **prenez le temps de nommer ce comportement avant de punir**. Attention : pointez le comportement et non votre enfant ; bannissez les jugements de valeur tels que : « Tu es méchant », « Tu n'es pas gentil ». Ces mots peuvent être très blessants et l'enfant risque de se construire une image de lui très négative : « Je suis méchant », « Je suis nul », avec le risque que certains endossent à merveille ce rôle qui leur est assigné de jour en jour. Ne le mettez donc pas dans la case du « mauvais enfant ». Certains de ses actes ou paroles n'étaient pas adaptés ? Expliquez-le lui clairement : « Ce que tu as fait là n'est pas bien car... » En critiquant son comportement, ses actes plutôt que son être, vous lui apprenez que certains de ses comportements ne sont pas acceptables mais que cela ne remet pas en cause qui il est.

- Afin d'aider votre enfant à grandir, à évoluer, à se remettre en question et à changer certains de ses comportements, **vous devez l'aider à repérer les moments où il se conduit mal**. Poursuivez en expliquant pourquoi son comportement ne convient pas, et donnez-lui les clés pour mieux réussir ou se comporter la prochaine fois.
- **Avant d'envisager une punition, proposez à votre enfant de réparer son erreur**. Nous ne sommes pas des robots et comme dit l'adage, l'erreur est humaine. Les erreurs font partie des apprentissages, elles permettent d'apprendre sur soi, d'envisager d'autres manières de faire et lorsqu'elles sont tolérées, de développer sa résilience, sa capacité à se relever après un échec ou une épreuve difficile. Acceptez donc sans juger les échecs de votre enfant et apprenez-lui à les dépasser et à les réparer. Apprenez-lui aussi à s'excuser après avoir commis une erreur ou une faute.

Lorsque nous nous emportons face à l'échec d'un enfant, que nous avons des paroles blessantes, cela a un impact délétère sur sa confiance en lui mais aussi peut conduire à des stratégies d'évitement de l'échec ou de la faute. Votre enfant risque ensuite de vous cacher des choses, de mentir, par crainte de se faire punir. Le responsabiliser en lui permettant de reconnaître ses torts implique que vous les acceptiez. Reconnaître ses erreurs est la clé du changement ! Livrez-lui ensuite les clés pour réparer ses erreurs : s'excuser, réparer ce que l'on a cassé...

Et les récompenses ?

Fonctionner à la carotte n'est pas un bon système. Comme pour les punitions, il y a l'art et la manière de donner une récompense.

L'objectif admis des récompenses et des punitions est de permettre à l'enfant de grandir, de devenir responsable, de s'autonomiser. Caricaturons un peu pour éclaircir notre propos.

Sans explications, sans valeurs, les récompenses deviennent opératoires : par exemple, l'enfant travaille pour avoir des cadeaux mais ne nourrit pas sa motivation intrinsèque, son désir profond et authentique de grandir, d'apprendre, de progresser. Il reste alors tributaire des leviers de motivation extrinsèque (les cadeaux) dont il aura du mal à se défaire pour s'engager dans son travail.

De façon générale, la plus jolie récompense pour votre enfant sera celle qu'il pourra lire dans votre regard ainsi que votre sourire qui le remplira de joie.

Les bonnes règles, mode d'emploi

- **Donnez l'exemple**, en termes de communication, de respect des règles, de pardon, avec vos enfants et votre conjoint.
- **Restez cohérent** avec votre enfant : tenez votre parole et vos engagements (et on « ne changez pas d'avis »), mettez-vous préalablement d'accord avec votre conjoint et faites ce que vous avez dit, même si c'est pénible.
- **N'agissez jamais sur le coup de l'émotion.** Soyez disponible psychiquement et émotionnellement pour faire passer un message.
- Pour faire passer un message, mettez-vous **à la hauteur des yeux de votre enfant.** Vous pouvez même lui tenir les mains avec amour pour accentuer le message.
- Adoptez un **ton calme, gentil, mais ferme.**
- Parlez de vous en tout premier lieu : **utilisez le « je »** et n'accusez pas l'autre.
- Ne sanctionnez pas votre enfant, **sanctionnez son comportement.** Quoi que vous fassiez, préservez l'estime de votre enfant.
- Les **punitions corporelles ou humiliantes sont à bannir**, et ce à vie.
- Demandez à votre enfant de **répéter la règle à respecter** que vous venez de lui réexpliquer. Un « oui » ne suffit pas.
- Prenez l'habitude d'adresser des **compliments** à votre enfant.

POULINE ET LA MÉLODIE DU BONHEUR

1

UNE MÉTAPHORE pour comprendre l'importance des règles et de leur respect

Nous avons tous en chacun de nous un maestro, c'est-à-dire un chef d'orchestre interne qui dirige et joue la mélodie du bonheur.

Pour bien diriger, ce maestro a besoin que le chef d'orchestre extérieur (vous) lui donniez le « la », les notes, le tempo et la composition de l'orchestre, c'est-à-dire les règles de bases, les limites à ne pas franchir, le type de relation à entretenir... Avec cette feuille de route en guise de partition, il peut transmettre les ordres et veiller à la bonne cohérence de la mélodie.

Mais si le chef d'orchestre extérieur (vous) ne lui donnez pas ces indications, le maestro est perdu et fait n'importe quoi. Il essaie un peu tout, jusqu'à donner des ordres irresponsables ou irréfléchis. De même, si vous donnez trop d'ordres, le maestro se perd, en oublie en route ou fait un burn-out !

Parfois, le maestro et le chef d'orchestre extérieur ne parviennent pas à se mettre d'accord : fausses notes, conflits, cris, manque d'harmonie, désordre, etc. Pour une communication efficace, une bonne relation entre eux, saine et riche, est indispensable.

2 LE CAS de Pouline

Lorsque je vais chercher Pouline dans la salle d'attente, elle est en train de jouer avec des petites figurines qui se choquent et s'entrechoquent à coups de bim, bam, boum, bang, choc et vlan !

Ses parents sont installés dans le canapé à l'autre bout de la salle d'attente. Dans leurs regards, un mélange de fatigue, de consternation et de dépit.

Je les invite à me suivre dans mon bureau.

« Bonjour Pouline, sais-tu pourquoi tes parents ont souhaité que l'on se rencontre ?

— Je sais pas.

— Y a-t-il des choses qui t'embêtent ou qui te rendent triste ?

— Non.

— Alors peut-être tes parents s'inquiètent pour rien... ?

— Ils disent que je ne suis pas sage.

— Ah bon ? De quoi parlent-ils à ton avis ?

— Ils me grondent tout le temps : quand je ne fais pas mes devoirs, quand j'embête mon frère, quand je ne débarrasse pas mon assiette... Tout le temps !

— Alors peut-être souhaitent-ils que je vous aide, toi et tes parents, à ce qu'il y ait moins de conflits à la maison ? Est-ce que tu aimerais, toi, qu'il y en ait moins ?

— Ah oui !

— Tu dois te sentir seule et triste parfois de toutes ces disputes...

— Oui, c'est injuste !

Le diagnostic est simple :

Le maestro de Pouline n'est pas en accord avec son chef d'orchestre extérieur !

Voyons comment les aider à mieux communiquer afin de créer ensemble une jolie mélodie, sinon du bonheur, de la vie !

MA BOÎTE À OUTILS

Il est maintenant temps d'ouvrir ma boîte à outils !

Mes outils sont des petits exercices à faire avec votre enfant ou à lui faire faire, toujours présentés sans contrainte. Ils sont très faciles à mettre en place et sont comme un traitement de fond. Je vous conseille d'essayer tous les exercices, car ceux qui vous parlent le plus ne seront pas forcément les préférés de votre enfant.

Maintenant que vous avez compris ce qui se passait lorsqu'un maestro n'était pas en phase avec le chef d'orchestre extérieur, mettez en place ces exercices à la maison pour aider votre enfant à coopérer sans passer par les cris ou les punitions et avec (presque toujours !) joie et bonne humeur ! Comme il s'agit d'améliorer la communication dans la famille, tout le monde doit y participer : les deux parents et chaque enfant de la tribu. Plus vous en aurez l'habitude, plus les liens familiaux seront agréables et les règles établies faciles à respecter.

Bonne pratique !

1

APPRENEZ-LUI

à reconnaître ses émotions

Le premier pas (de géant) dans l'éducation sans cris ni punitions est de vivre avec ses émotions, d'ouvrir les vannes des ressentis, sans jugement, pour que chacun puisse s'exprimer et se sentir entendu.

Prendre conscience d'une émotion, la nommer, l'accepter, c'est décharger les tensions qu'elle génère. Soyez particulièrement attentif à ne pas confondre votre enfant et l'expression de ses émotions – par exemple, votre enfant n'est pas colérique mais est traversé par des colères – afin de ne pas abîmer son estime de lui-même.

Voyons de façon concrète comment libérer cette parole avec douceur et bienveillance pour reconnaître les émotions de chacun. Nous verrons ensuite dans le deuxième point comment les apaiser.

Parce qu'il est temps de s'exprimer, temps d'accueillir afin de comprendre, sortez papier, crayons, bol et boîtes pour apprendre à reconnaître les émotions !

Le répertoire émotionnel

Commencez par créer un répertoire. En effet, avant de pouvoir mettre des mots sur des ressentis, encore faut-il pouvoir les (re)connaître.

On l'a dit, il n'est pas aisé, même pour un adulte, de trouver les mots, parfois, pour exprimer ce que l'on ressent. Il s'agit donc ici d'établir une liste en forme de répertoire pour aider votre enfant à enrichir sa connaissance des différentes émotions.

Pour cela, convoquez toute la famille pour un brainstorming. Pour le plus petit qui ne sait pas encore écrire, constituez un binôme.

- Chacun écrit **10 mots** (15 pour les adultes) faisant état d'émotions ou de sentiments, d'états d'être.
- Faites ensuite un grand tableau avec 2 colonnes pour les émotions positives et les émotions négatives.
- Chacun à son tour, donnez un mot, un **ressenti**, et y associe un exemple du quotidien en le plaçant dans la colonne adéquate.

Voici la première étape du voyage émotionnel familial ! Elle aidera votre enfant (et la famille tout entière au passage) à mieux comprendre ce qui se passe en lui et l'incitera à s'exprimer davantage sur ses vécus.

Le bol des émotions

Un super exercice que vous pouvez faire chaque soir à la maison, après le repas par exemple, ou le week-end pour clore la semaine, ou encore en vacances. Bref, où vous voulez et quand vous voulez !

- Reprenez les différents ressentis ou émotions évoqués dans le répertoire et écrivez-les chacun sur un petit bout de papier. N'hésitez pas à enrichir la liste (ou à la réduire si nécessaire).
- Placez tous les papiers dans un bol.
- Chacun son tour, **piochez une émotion** et évoquez un souvenir qui a provoqué cette émotion chez vous. Il ne s'agit pas de porter la faute sur quelqu'un, mais simplement de parler de soi et uniquement de soi, de ce que l'on a ressenti.
- N'hésitez pas à inclure des amis ou de la famille plus éloignée dans cet échange. Grâce à ces réminiscences, chacun se connaîtra davantage et aura une vision très certainement différente de l'autre. Également, cela permet de reconnaître chez les autres des émotions ressenties par soi-même. Cela peut être un vrai soulagement, permettant de se sentir et moins seul, et compris par l'autre !

Vous serez surpris de découvrir des choses que votre enfant n'exprime pas ordinairement, tout comme lui pourra être parfois déconcerté en comprenant mieux certaines de vos réactions. Il n'agira ainsi plus sans méconnaissance des répercussions possibles sur l'autre.

La boîte à émotions

Pour cet exercice, il vous faut deux boîtes (type boîte à chaussures) : une pour les émotions négatives, l'autre pour les émotions positives.

- Demandez à votre enfant de décorer chaque boîte, mieux, décorez-les avec lui ! Collages, dessins, peintures, écritures... Laissez libre cours à votre imagination du moment que cela illustre pour une boîte les émotions positives et pour l'autre les émotions négatives.
- Laissez ensuite ces deux boîtes à disposition de toute la famille : chacun pourra ainsi placer dans ces boîtes les différentes émotions qui le traversent. Une grosse colère aujourd'hui ? Un sentiment puissant de jalousie ? Ou un sentiment de plénitude, de sérénité ? Une joie intense ?

Que vous fassiez part de votre émotion sous forme d'une lettre écrite à l'intéressé, d'un mot, d'un dessin ou d'un collage, n'oubliez pas d'écrire votre prénom à l'arrière du papier et la date.

Une règle : ne jamais critiquer ce qui est dit ou dessiné. Les émotions sont propres à chacun. Une émotion qui nous paraît injuste, exagérée ou inappropriée ne l'est certainement pas pour celui qui l'exprime. Aussi, un **grand respect de l'expression de l'émotion est obligatoire**.

Avant de commencer à remplir ces boîtes, choisissez en famille le sort réservé à ces boîtes. Est-ce que votre enfant souhaite un autodafé des émotions négatives une fois par mois ? Dans ce cas, prévenez-le que SEULS les adultes peuvent le faire, même s'ils peuvent aider à préparer l'évènement. Ou peut-être préfère-

t-il mettre toutes les émotions négatives à la poubelle une fois par semaine pour se sentir plus léger ? Ou garder toutes les émotions positives de l'année et en faire un tableau d'amour en épinglant toutes les émotions positives le premier jour de chaque année ?

Pour que ces boîtes aient un réel impact sur votre vie familiale, il est important que vous y participiez régulièrement. C'est en vous voyant écrire ou dessiner et glisser dans ces boîtes vos messages émotionnels que votre enfant comprendra l'importance de le faire. Vous verrez que vous deviendrez rapidement un adepte de ce défouloir émotionnel simple mais très efficace !

L'écrin à excuses

Variante des boîtes à émotions, il s'agit ici de mettre en place une boîte individuelle, précieuse, plus intime (cela peut être un carnet) où l'on peut venir écrire ou dessiner pour s'excuser d'un comportement inadapté ou d'une mauvaise réaction.

À chacun de choisir l'écrin qu'il préfère pour lui et d'informer le reste de la famille : « Mon écrin est cette ancienne boîte à thé que je place sur cette étagère » ; « mon écrin sera ce cahier jaune que je place dans ce tiroir », etc. L'idée est d'avoir un écrin accessible aux autres pour que chacun puisse y glisser un petit mot le cas échéant ! Les excuses ouvrent une jolie voie de communication douce et bienveillante. Alors, encouragez-les !

2

APPRENEZ-LUI
à apaiser ses émotions

Maintenant que votre enfant a appris à mettre des mots sur ses émotions, il est temps d'ouvrir son cœur, de chasser les tensions et d'apporter un calme intérieur.

La respiration autonettoyante

Faites cet exercice plusieurs fois avec votre enfant, cela lui permettra de devenir autonome dans la gestion de ses émotions négatives.

Place à la respiration consciente et imagée pour chasser tout ce qui peut gêner !

- Installez-vous avec votre enfant **assis en tailleur, face à face**, le dos bien droit, les mains posées sur les cuisses.
- Proposez chacun votre tour une partie de vous que vous souhaitez nettoyer. Par exemple la tête, le cœur, les pensées, les jambes... Une fois nommée, fermez les yeux, prenez une grande inspiration par le nez et soufflez par la bouche le plus longtemps possible (sans reprendre d'air) en imaginant que vous retirez de cette partie du corps tout ce qui est négatif, tout ce qui gêne, tout ce qui peine.
- Puis une fois cette grande respiration faite, donnez-vous les mains et les yeux toujours fermés, imaginez une jolie lumière bleue scintillante dans cette partie du corps pendant quelques secondes.
- Continuez à proposer une partie du corps à tour de rôle, avec la respiration et la petite méditation, jusqu'à ce que le corps entier soit nettoyé !

La respiration koala

Si vous avez d'autres livres de la même collection, vous connaissez déjà parfaitement cette respiration, qui est de loin ma préférée !

Pour les autres, voici sa description : c'est une respiration à deux, ventre à ventre. Savez-vous que de nombreuses études scientifiques mettent en avant l'importance des câlins et des contacts physiques ? Et que la durée de l'étreinte a son importance ?

En effet, il faut 20 secondes d'étreinte pour ressentir un vrai bénéfice sur le corps. 20 secondes, c'est le temps nécessaire pour libérer l'ocytocine, l'hormone de l'attachement et du bien-être. L'exercice de respiration que je vous propose permet d'instaurer un rituel quotidien, afin de libérer chaque jour cette hormone de l'amour chez votre enfant. Un rituel qui allie le câlin et la respiration.

Cette respiration se pratique à deux, ventre contre ventre.
Une vraie respiration d'amour.

- **Votre enfant est dans vos bras** et vous l'enveloppez de tout votre corps, comme un koala. Dans cette position, respirez au même rythme, c'est-à-dire inspirez et expirez en même temps, doucement.
- **N'hésitez pas à guider votre enfant** pour atteindre une respiration calme et profonde à deux.

Cette respiration permet d'être attentif à soi et à l'autre et ouvre la détente dans un lien d'amour. C'est un beau moment à partager, qui retisse ce qui a parfois été endommagé par des échanges parfois difficiles entre votre enfant et vous.

À vous d'être attentif à votre propre respiration pour qu'elle soit douce, calme et pas trop longue. Ainsi votre enfant vous suivra plus facilement.

- Puis, après quelques respirations et tout en restant dans cette position de koala, **dites à votre enfant tout ce que vous trouvez de positif chez lui, de fort**. Parlez des bons moments. Faites de cet exercice une respiration d'amour.

Un p'tit coin de paradis

Il s'agit ici de se représenter son propre coin de paradis, en activant ses 5 sens.

- Proposez à votre enfant de s'installer confortablement : dans son lit, sur le canapé ou à un autre endroit douillet. Veillez à ne pas être dérangés. Vous pouvez mettre une douce musique de relaxation si votre enfant l'apprécie.
- Demandez à votre enfant de fermer les yeux et d'**imaginer un endroit paradisiaque**, réel ou imaginaire, où tout serait merveilleux.
- Lorsqu'il l'aura trouvé (il peut d'ailleurs évoluer au fil de l'exercice), **enrichissez son ressenti** en l'interrogeant sur ses 5 sens. Demandez-lui de décrire ce qu'il voit autour de lui, ce qu'il entend (les bruits de la nature par exemple), une odeur particulière qu'il pourrait sentir. Interrogez-le sur un goût éventuel qu'il pourrait associer à cet endroit. Proposez-lui de toucher quelque chose là-bas et de décrire cette sensation.

En prenant le temps de poser son attention sur ses différents sens, votre enfant va se créer de nouvelles mémoires et enrichir son vécu agréable. Un doux moyen d'apaiser les émotions à venir.

La libération d'énergie

Cet exercice est idéal pour toute personne débordée par des tensions ou un je-ne-sais-quoi qui pèse. Il permet une libération d'énergie qui apporte détente et joie dans le cœur, le corps et les pensées. Que vous soyez seul avec votre enfant ou en groupe, l'effet est immédiat.

- Choisissez un endroit à l'extérieur, où vous aurez la place de courir. Une plage est idéale, mais tout endroit bien dégagé fait aussi l'affaire.
- Donnez-vous la main, **courez ensemble et criez le plus fort possible**. À renouveler sans modération, dès que l'endroit s'y prête.

3

RÉINVENTEZ la communication

Maintenant que les émotions n'ont plus de secret pour votre famille et que leur expression est facilitée pour les apaiser, passons à la troisième étape d'une coopération sans faille : la communication ! Les exercices que je vous propose ici vont poser des règles simples et claires afin de trouver ensemble les clés d'une bonne communication. Parce que face à un problème, il n'y a que des solutions !

Les règles de la maison

Pour qu'une famille fonctionne sans heurts, il faut parfois reposer les bases de ce qui est important pour chacun de vous.

- Organisez une **réunion de famille** (la présence de tous est souhaitée, même du petit dernier). Une personne devra noter les idées de chacun et coordonner les échanges.
- Deux fiches sont à construire : les **tâches** et les **règles**.
- Sur la première fiche, vous allez partager **les tâches** de la maison : qui met la table (tous les jours ou certains jours), qui débarrasse, qui paye les factures, qui fait à manger, etc. L'idée est de montrer à vos enfants que certaines tâches vous incombent, tout comme d'autres leur sont réservées.

- Puis, sur la deuxième fiche, notez les **10 commandements de la famille** – ou les 15 pierres du totem familial ou les 18 mantras du bonheur de la famille Zen. En bref, listez les règles importantes de votre famille sous forme de catégories ou même en vrac : hygiène, politesse, sécurité, fratrie... Une seule obligation : ajoutez au minimum une règle farfelue ou rigolote dans la liste. Par exemple, interdiction de manger des légumes verts le jeudi ; obligation de lire l'histoire du soir avec la voix de Marge Simpson le premier lundi du mois... Vos enfants sauront trouver la petite perle du commandement !

- Enfin, inscrivez les règles lisiblement et **faites-les signer** par chaque membre de la famille. Il ne s'agit pas de devenir rigide sur les règles mais tout simplement de les rappeler avec douceur et bienveillance pour limiter les sources de conflits.

Le conseil de famille

Cet exercice peut devenir un rituel familial hebdomadaire ou mensuel (à vous de trouver le rythme qui sera propice aux échanges constructifs) ou être proposé lors d'un conflit.

- À nouveau, réunissez la famille pour donner la parole à chacun. Posez sur la table un **bâton de parole**. Vous pouvez utiliser une cuillère en bois ou un tube en carton que vos enfants pourront customiser en collant bouts de tissu, bandelettes colorées, fils...
- La règle d'or est que seule la personne ayant le bâton de parole peut s'exprimer. Les autres doivent écouter, respecter ce qu'ils ont entendu. Aucune réflexion, aucun reproche ne sont tolérés. Le but du conseil de famille est d'**exprimer les difficultés ressenties pour chercher ensemble des solutions**.
  Il faudra donc souligner ces règles en début de conseil, en rappelant que chacun doit tolérer les avis ou points de vue différents.

Une fois que la règle de l'écoute bienveillante est en place, les conseils de famille sont souvent un formidable outil de communication positive. Ne vous en privez pas !

Le rituel de résilience

La résilience permet à une personne traumatisée ou blessée de soigner ses blessures et de dépasser ses difficultés.

Lorsqu'il y a eu un conflit ou une forte tension entre deux personnes de votre famille, mettez vite en place un rituel de résilience. Voici celui que je vous propose, mais libre à vous d'inventer le vôtre !

- Ce rituel ne doit concerner que les personnes impliquées dans le conflit.
- Autour d'une table, chacun raconte comment il a vécu **l'évènement difficile** – disputes, cris, coups… – et parle de ses émotions.
- Une fois la parole donnée à l'autre personne, **on se demande pardon**. Verbalement, les yeux dans les yeux, en le formulant avec une phrase. Par exemple : « Manon, je te demande pardon. » Les deux personnes doivent le faire, même si l'une semble plus blessée que l'autre.
- Ensuite, on **matérialise par un dessin** commun, sur une même feuille, tout ce qui a été difficile.
- Une fois le dessin fini, chacun tient la feuille et dit : « Je ne veux plus de ces difficultés. Je souhaite **la paix** entre nous. »
- Puis **on déchire** en deux la feuille, chacun tenant un bout, et on jette ensemble les deux morceaux à la poubelle.
- On termine ce rituel par un **câlin de réconciliation**. Pourquoi pas une respiration koala ?

Tout comme la respiration koala, le rituel de résilience restaure les liens familiaux et rétablit une confiance dans les échanges. C'est un rituel précieux ! N'hésitez pas à inventer celui propre à votre famille et veillez à sa mise en place dès que nécessaire !

Une part de soi pour l'autre

Je vous propose ici d'instaurer un tour de paroles chaque soir ou chaque week-end sur deux vécus particuliers : un positif, avec ce que chacun a préféré dans sa journée ou sa semaine, et un plutôt négatif, avec un évènement ou un ressenti particulier.

Cela permet à chacun de porter son attention à la fois sur les petites bulles de bonheur qui viennent ponctuer le quotidien, mais aussi de partager des ressentis désagréables afin de ne pas laisser les émotions négatives s'installer.

Non seulement chacun apprend de l'autre et entre un peu plus dans son intimité émotionnelle, mais aussi chacun peut apporter son aide, conseiller ou soutenir l'autre dans les périodes délicates.

Plus ces discussions entrent dans les habitudes familiales, plus le dialogue devient facile et fluide. Vous verrez que ces discussions aident aussi à mettre du lien dans les périodes de tension. Chacun peut se focaliser sur les moments agréables, partager ses ressentis ou même comprendre ce qui se passe dans le cœur d'un membre de sa famille. Et c'est important de constater que même dans les périodes sombres, des petites bulles d'amour, de réconfort ou d'entraide éclatent et font du bien.

La famille est là pour accompagner chacun, aider à porter son attention sur le beau et l'agréable, mais aussi là pour accompagner chaque membre et trouver la force en soi pour braver les difficultés. Ces tours de parole posent les jalons d'une jolie communication familiale.

Le bol des compliments

Pour parfaire le bien-être émotionnel de chacun, il ne reste plus qu'à mettre en place la cerise sur le gâteau : le bol des compliments ! Très vite, il permet de sortir du tourbillon infernal des reproches, ça fait un bien fou !

- Choisissez **un petit récipient propre à chacun**, que vous poserez sur le bureau, la table de nuit ou une étagère personnelle. Il sera destiné à recevoir... des petits mots doux, des mots d'amour, des compliments. Évidemment, cela concerne toute la famille. Chacun doit avoir son petit bol visible de tous. Vos enfants pourront ainsi vous faire des petits ou grands compliments.
- Votre enfant a enfin pensé à refermer le tube de dentifrice ce matin ? Il s'est (enfin) levé de bonne humeur ? La séance de devoirs du soir n'a pas tourné au pugilat ? Le petit dernier est parti coiffé ce matin ? Écrivez-lui, remerciez-le d'avoir entendu votre demande. Vous verrez qu'il deviendra vite friand de ces petites lettres d'amour.
- Soyez créatif tant sur le papier choisi que sur la forme du remerciement : dessin, mots doux, poème...). Plus ce sera nouveau ou surprenant, plus il se donnera la peine d'obtenir ces petits mots !

4

RESSERREZ les liens familiaux

Maintenant que les émotions ne sont plus malmenées et que la communication est réinventée, il est temps de resserrer les liens familiaux. Pourquoi ? Parce que pour donner l'envie de coopérer sans tension, et pourquoi pas, dans la joie, il faut des relations douces et fortes entre chaque membre de la famille, des relations de confiance dignes d'un clan uni et soudé.

L'esprit de famille

Commençons par le commencement : la famille ! Pour mieux comprendre les enjeux, les liens, les répétitions, les peurs ou les grandes envies qui se cachent en vous et que vous glissez inconsciemment (ou pas) dans l'éducation de vos enfants, penchez-vous sur l'histoire de votre famille.

- Avec votre enfant, tracez votre **arbre généalogique**.
- Sortez vos albums photos, **racontez ce que vous savez des différentes histoires familiales**, comment c'était avant... Essayez de comprendre avec votre enfant pourquoi l'éducation a changé avec le temps, quels sont les différents points de vue, pourquoi certaines choses paraissent si importantes pour vous et pourquoi elles l'étaient pour vos parents...

Nous portons en nous les blessures de notre famille, de notre enfance. Une sensation de manque d'amour, des regrets ? Tout ceci peut être réveillé avec le comportement de nos enfants. On se surprend parfois à réagir de façon vive, parfois exagérée. Alors pour que chacun comprenne l'inscription du passé dans la continuité familiale (ou la rupture parfois aussi pour sortir de ces schémas), parlez de l'éducation qu'ont reçue vos parents, grands-parents. Puis expliquez-lui quelles sont les valeurs importantes pour vous, celles qui vous semblent justes et belles et pourquoi. Votre enfant comprendra mieux vos attentes et coopérera plus facilement, tout simplement parce qu'il se représentera mieux vos attentes et en quoi elles sont porteuses de valeurs et de sens. De votre côté, devenez plus souple et tolérant vis-à-vis des valeurs plus secondaires. Vous verrez ainsi le climat familial s'apaiser.

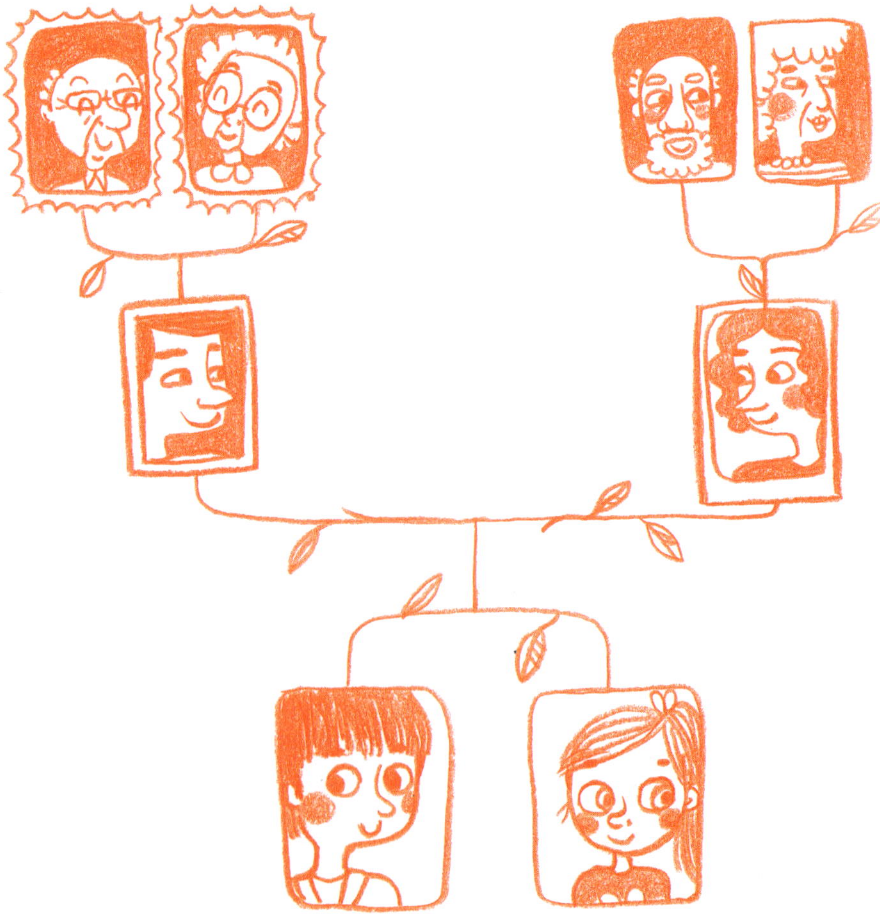

Les listes

À vous le découpage, les magazines, les listes d'envies ! Que ce soit pour Noël, Hanoukka, un anniversaire ou une fête particulière, chacun va fabriquer son panneau d'envies et le compléter au fil du temps.

Une grande envie ? On la prend en photo, on l'imprime, on la colle sur un panneau (on en profite pour rappeler sa pointure, sa taille, le nom de la console convoitée…) qui doit être visible par tous. Cette envie est vue et considérée. Elle peut exister, vivre dans les pensées. Elle n'a pas besoin d'être assouvie pour exister !

Cela aidera les parents à mieux connaitre les désirs et les envies de leur enfant et de personnaliser davantage les cadeaux et petites attentions. Bien souvent, lorsqu'on fait un cadeau, on se fait plaisir en offrant à l'autre ce qu'on voudrait pour soi ! Mais cela peut être décevant voire douloureux pour l'enfant qui ne se sentira pas considéré par ce cadeau que vous auriez souhaité offrir à l'enfant que vous étiez.

Il est important que vous jouiez le jeu également, pour montrer à votre enfant que les parents aussi ont des envies, des désirs. Votre enfant comprendra mieux l'attente, la frustration s'il voit que son papa aimerait aller en Norvège ou s'acheter une montre mais qu'il faut patienter, que ce n'est pas le moment…

Lorsque mon fils cadet avait 3 ans, il avait de fortes et fréquentes envies. Un simple panneau destiné à noter ces envies a suffi à calmer les crises qui accompagnaient systématiquement mes refus dans les magasins. Il me suffisait alors de lui dire : « Qu'est-ce que c'est joli ! En effet, cela donne très envie ! Rentrons vite le noter sur ton panneau pour s'en souvenir lorsque ce sera le moment de faire des cadeaux. » Il repartait alors le sourire aux lèvres, avec cet objectif en tête.

L'espace rêvé de soi

Partagez maintenant un peu de vous-même dans la drôlerie et le rêve éveillé !

Préparez le plus grand portrait pékinois possible ; c'est comme un portrait chinois, mais un peu différent !

Voici quelques idées :

- Quand je serai grand, j'aimerais...
- Les choses fofolles que j'aimerais faire...
- Les pays où j'ai envie d'aller...
- La personne que j'aimerais rencontrer...
- Le sport que je ne ferai jamais...
- Le jeu de société qui me ressemble...
- Mon personnage de dessin animé préféré...

À vous de trouver des idées loufoques ou justes rigolotes pour que chacun puisse se définir et dévoiler un peu de lui-même aux autres membres de sa famille !

Distribuez le questionnaire, et laissez quelques heures ou jours à chacun pour y répondre (pour les plus petits, notez leurs réponses) avant d'organiser un goûter ou une soirée pour que chacun puisse partager ses réponses. Rires et ambiance festive garantis !

Le symbole familial

Pour parfaire l'appartenance à une famille soudée et unie, rien de tel que de créer ensemble le blason familial !

En Écosse, une famille s'unit et se reconnaît sous le nom du patronyme mais aussi sous les couleurs d'un tartan. Cet emblème familial est porté avec fierté, car il montre l'appartenance à un clan et par là même que vous êtes sous la protection de ce clan.

Dans le monde fantastique de Harry Potter, chaque enfant appartient à une grande famille aux valeurs fortes et arbore les couleurs de sa maison au quotidien à travers ses vêtements. Chaque bonne ou mauvaise action fait gagner ou perdre des points à sa maison (de quoi réfléchir aux conséquences de ses actes sur les autres...).

Et si vous pensiez en famille aux valeurs qui vous caractérisent et que vous créiez ensemble un blason qui définira votre clan ? Une façon de montrer à votre enfant qu'il appartient à une famille unie et qu'il est protégé par son clan. Quoi qu'il arrive.

Fabriquez ensuite ce blason que chacun pourra porter sur lui, cousu sur son sac ou son manteau, ou placé dans son agenda.

5

UN PETIT PLUS QUI FAIT TOUTE LA DIFFÉRENCE : la communication non violente

La communication non violente est une méthode proposée par un psychologue américain, Marshall Rosenberg (1934-2015). Il s'est intéressé aux relations et à la communication entre les individus, et plus particulièrement aux caractéristiques qui influent sur la qualité de ces échanges : quelles sont les spécificités des échanges conflictuels et des échanges apaisés ?

4 étapes pour communiquer

Rosenberg a repéré **deux facteurs essentiels** :

- la reconnaissance des émotions – les siennes et celle des autres (l'introspection et l'empathie) ;
- la formulation d'une demande, à savoir reconnaître ses besoins et les partager avec son interlocuteur.

Pour cela, il propose **quatre étapes** à respecter afin de communiquer sans violence :

1. **Observation :** quelles sont les difficultés rencontrées ?
2. **Sentiment :** qu'est-ce que je ressens ? Que ressent l'autre ?
3. **Besoin :** quel est mon besoin ? Quel est celui de mon interlocuteur ?
4. **Demande :** que puis-je formuler comme demande en adéquation avec mes besoins et les besoins de mon interlocuteur ? Cette demande doit être la plus précise et concrète possible, et surtout doit être réalisable !

Marshal Rosenberg a ainsi développé une méthode simple et bienveillante où un peu comme avec une caméra, on observe la situation avec du recul pour prendre conscience des sentiments de chacun, et réussir à susciter de l'empathie sans accuser, le tout en favorisant le dialogue.

Cas pratique !

Prenons un exemple avec Pouline et déroulons les étapes.

C'est le grand départ en vacances. Pouline est très excitée et s'énerve. Ses parents sont eux-mêmes à bout de nerfs car très en retard ! Or les valises ne sont pas terminées, et voilà qu'ils ne retrouvent pas les passeports de la famille. Pouline crie et s'énerve de plus en plus fort...

→ **Dans le cas d'une communication très violente**, voilà ce que les parents de Pouline pourraient lui dire :

« Pouline ! J'en peux plus de toi ! Tu me casses les pieds ! On va rater notre départ. Tu es en train de gâcher les vacances de toute la famille ! Va dans ta chambre ! »

→ **Dans le cadre d'une communication non violente**, voici ce qui se passerait :

1. **Stop**
   Les parents de Pouline observent : que se passe-t-il ?
   Pouline, comme à chaque départ, est énervée. En réalité, elle est angoissée par les transitions et les changements inhérents aux départs en vacances. Ses parents sont eux-mêmes angoissés, car ils ont repoussé jusqu'à la dernière minute les préparatifs et ne retrouvent plus les passeports dont ils ont besoin. Résultat ? Ils s'en veulent, c'est la panique à bord : rien n'est prêt !

2. **Réflexion**
   Quelles émotions envahissent la scène ?
   Pouline est angoissée et perméable aux angoisses de ses parents. Et comme à son habitude dans ces situations, elle se met à bondir, se transforme en un tourbillon d'agitation et de cris !

Ses parents sont stressés et éprouvent de la culpabilité de ne pas avoir géré les préparatifs du départ plus tôt.

3. **Besoin**
   De quoi tout le monde a-t-il besoin ?
   De calme !

4. **Action**
   Il est temps de formuler une demande : il faut réussir à se poser et à verbaliser le constat de la situation et ses besoins. Autrement dit, ici, se mettre à la hauteur de Pouline, lui tenir les mains pour attirer son attention et lui dire : « Pouline, nous sommes en retard et devons partir dans 20 minutes. Mais nous n'avons pas fini les bagages et nous sommes stressés. Je sais que la situation est désagréable pour toi aussi. Nous aurions dû préparer les affaires plus tôt. Pourrais-tu tranquillement jouer dans ta chambre le temps que nous finissions de tout préparer ? Je suis sûr que nous pourrons alors partir dans les temps. »

Essayez et à force de pratique, communiquer de façon non violente deviendra une habitude.

CONCLUSION

Élever un enfant est un métier à part entière, un métier difficile, à la fois ingrat et merveilleux, où les nerfs sont (très) souvent mis à rude épreuve. En effet, malgré une volonté solide de bien faire, nous sommes parfois dépassés par nos émotions. Car bien souvent, en devenant parent, nous découvrons une partie de nous-même qui n'était pas à l'œuvre jusqu'ici.

Vous l'avez compris, nous sommes imprégnés par notre passé, notre composition familiale, les valeurs et croyances que notre famille a véhiculées, notre vie actuelle, nos projections... Et nous avons en face du répondant avec notre enfant, cet être en devenir qui se construit et s'affirme. Cette communication, certes riche mais pas toujours de tout repos, repose sur une bonne coopération entre les deux protagonistes. Plus votre éducation sera bienveillante, plus cette coopération sera belle et forte. Vous offrirez alors à votre enfant les clés de la confiance en soi, de l'autonomie, bref les clés pour qu'il soit acteur de sa vie, pour s'aimer et se respecter.

En résumé :

- Sachez poser des limites claires et justes (le sentiment d'injustice est une des pires émotions à surmonter).
- Déculpabilisez-vous, nul doute que vous faites au mieux. Et sinon, vous ferez mieux demain.
- Encouragez vos enfants le plus possible !
- Reposez-vous, prenez soin de vous, n'oubliez pas de prendre des moments juste pour vous.
- Rassurez votre enfant sur l'amour que vous lui portez.
- Respectez ses émotions, quelles qu'elles soient.
- Soyez patients. Courage, le jeu en vaut la chandelle !

Pouline, rassure-toi !
Il y a beaucoup de familles comme la tienne où les relations sont parfois conflictuelles, même lorsqu'il y a beaucoup d'amour ! Tu verras qu'en ouvrant le dialogue sur les émotions, en apprenant à les apaiser, en réinventant la communication et en resserrant les liens familiaux avec les exercices proposés dans ce livre, ton chef d'orchestre intérieur, celui que j'appelle le maestro, va progressivement trouver un tempo commun et s'accorder avec le chef d'orchestre extérieur. Ton maestro sera alors détendu et joyeux, et pourra distiller les bons conseils à son orchestre pour jouer la plus belle mélodie du bonheur.

Édité par Hachette Livre
(58, rue Jean-Bleuzen, 92178 Vanves CEDEX)
Imprimé par Macrolibros en Espagne en septembre 2018
pour le compte des éditions Marabout.
Dépôt légal : avril 2018
4873911 – ISBN : 978-2-501-12889-6
Édition 02